专业技术类公务员管理规定
行政执法类公务员管理规定

中国法制出版社

图书在版编目（CIP）数据

专业技术类公务员管理规定　行政执法类公务员管理规定／中国法制出版社编．—北京：中国法制出版社，2023.10

ISBN 978-7-5216-3782-3

Ⅰ.①专…　Ⅱ.①中…　Ⅲ.①公务员-管理规程-中国　Ⅳ.①D922.11

中国国家版本馆 CIP 数据核字（2023）第 187443 号

专业技术类公务员管理规定
行政执法类公务员管理规定

ZHUANYE JISHULEI GONGWUYUAN GUANLI GUIDING
XINGZHENG ZHIFALEI GONGWUYUAN GUANLI GUIDING

经销/新华书店
印刷/保定市中画美凯印刷有限公司
开本/850 毫米×1168 毫米　32 开　　印张/1.25　字数/16 千
版次/2023 年 10 月第 1 版　　2023 年 10 月第 1 次印刷

中国法制出版社出版
书号 ISBN 978-7-5216-3782-3　　定价：6.00 元

北京市西城区西便门西里甲 16 号西便门办公区
邮政编码：100053　　传真：010-63141600
网址：http://www.zgfzs.com　　编辑部电话：010-63141804
市场营销部电话：010-63141612　　印务部电话：010-63141606

（如有印装质量问题，请与本社印务部联系。）

目　　录

专业技术类公务员管理规定

（2016年7月8日中共中央批准　2016年7月8日中共中央办公厅、国务院办公厅发布　2023年9月1日中共中央修订　2023年9月1日中共中央办公厅发布）

第一章　总　　则

第一条　为了加强党对公务员队伍的集中统一领导，适应全面建设社会主义现代化国家、深入推进国家治理体系和治理能力现代化的要求，落实新时代好干部标准，完善公务员职位分类，建立健全符合专业技术类公务员特点的管理制度，提高管理效能和科学化水平，建设忠诚干净担当的高素质专业化公务员队伍，根据《中华人民共和国公务员法》和有关党内法规，制定本规定。

第二条　本规定所称专业技术类公务员，是指专门从事专业技术工作，具有专业知识、专业技能，为机关履行职责提供技术支持和保障的公务员，其职责具有强技术性、低替代性。

第三条 专业技术类公务员的管理，坚持以习近平新时代中国特色社会主义思想为指导，贯彻新时代党的建设总要求和新时代党的组织路线，突出政治标准，注重专业要求，坚持下列原则：

（一）党管干部、党管人才；

（二）德才兼备、以德为先、五湖四海、任人唯贤；

（三）事业为上、公道正派、人岗相适、人事相宜；

（四）注重实绩、业内认可、分类评价；

（五）监督约束与激励保障并重。

第四条 专业技术类公务员应当忠于宪法，模范遵守、自觉维护宪法和法律，自觉接受党的领导，具有良好的政治素质和道德品行。

第五条 中央公务员主管部门负责全国专业技术类公务员的综合管理工作。县级以上地方各级公务员主管部门负责本辖区内专业技术类公务员的综合管理工作。上级公务员主管部门指导下级公务员主管部门的专业技术类公务员管理工作。各级公务员主管部门指导同级机关的专业技术类公务员管理工作。

第二章 职位设置

第六条 专业技术类公务员职位根据工作性质、专业特点和管理需要，一般在市地级以上机关以专业技术工作为主要职责的内设机构或者岗位设置。经批准，部分县（市、区、旗）专门从事专业技术工作公务员较多的机关可以设置专业技术类公务员职位。县级以上机关可以设置专业技术类公务员特设职位引进高层次人才。

专业技术类公务员职位设置范围由中央公务员主管部门确定。

第七条 机关依照职能、国家行政编制等，根据中央公务员主管部门确定的职位设置范围，制定本机关专业技术类公务员职位设置方案，并确定职位的具体工作职责和任职资格条件。

第八条 中央机关及其直属机构专业技术类公务员职位设置方案，报中央公务员主管部门审批；省级以下机关及其直属机构专业技术类公务员职位设置方案，由省级公务员主管部门审批后报中央公务员主管部门备案。

第三章　职务、职级与级别

第九条　专业技术类公务员实行职务与职级并行制度，设置领导职务、职级序列。

专业技术类公务员领导职务根据有关党内法规、法律法规和机构规格设置。

专业技术类公务员职级序列分为十一个层次。通用职级名称由高至低依次为：一级总监、二级总监、一级高级主管、二级高级主管、三级高级主管、四级高级主管、一级主管、二级主管、三级主管、四级主管、专业技术员。

具体职级名称由中央公务员主管部门以通用职级名称为基础确定。

第十条　专业技术类公务员职级与级别的对应关系是：

（一）一级总监：十三级至八级；

（二）二级总监：十五级至十级；

（三）一级高级主管：十七级至十一级；

（四）二级高级主管：十八级至十二级；

（五）三级高级主管：十九级至十三级；

（六）四级高级主管：二十级至十四级；

（七）一级主管：二十一级至十五级；

（八）二级主管：二十二级至十六级；

（九）三级主管：二十三级至十七级；

（十）四级主管：二十四级至十八级；

（十一）专业技术员：二十六级至十八级。

第十一条 专业技术类公务员职级与综合管理类、行政执法类公务员职级的对应关系是：

（一）一级总监：一级巡视员；

（二）二级总监：二级巡视员、督办；

（三）一级高级主管：一级调研员、一级高级主办；

（四）二级高级主管：二级调研员、二级高级主办；

（五）三级高级主管：三级调研员、三级高级主办；

（六）四级高级主管：四级调研员、四级高级主办；

（七）一级主管：一级主任科员、一级主办；

（八）二级主管：二级主任科员、二级主办；

（九）三级主管：三级主任科员、三级主办；

（十）四级主管：四级主任科员、四级主办；

（十一）专业技术员：一级科员、一级行政执法员。

第十二条 专业技术类公务员职级按照下列规格设置：

（一）中央机关，省、自治区、直辖市机关，副省级城市机关设置一级总监以下职级；

（二）市（地、州、盟）、直辖市的区机关设置二级总监以下职级，副省级城市的区机关设置一级高级主管以下职级；

（三）部分县（市、区、旗）专门从事专业技术工作公务员较多的机关设置二级高级主管以下职级。

第十三条 专业技术类公务员职级职数一般应当按照专业技术类公务员职位数量的一定比例核定，具体职数比例按照有关规定执行。

职数较少或者难以按照各机关分别核定的专业技术类公务员职级，一般由市地级以上公务员主管部门根据实际情况和职级晋升审批权限，分级统筹核定和使用。

第十四条 中央和省级机关垂直管理的机构、实行双重领导并以部门领导为主的机构、市地级以上机关的直属单位或者派出机构等，根据机构规格，参照第十二条、第十三条规定，设置专业技术类公务员职级并核定职数。

第十五条 根据服务党和国家重大战略、重大工程、重大项目等需要，经省级以上公务员主管部门批准，县级以上机关可以引进高层次急需人才在专业技术类公务员特设职位上担任一级总监、二级总监、一级高级主管，其中突破规格、职数限额设置的职级，职数单独管理。

第四章　职务、职级任免与升降

第十六条　专业技术类公务员任职，应当具备相应的专业技术任职资格，在规定的职位设置范围和职数内进行。

第十七条　专业技术任职资格由高至低依次为高级、中级、初级。高级包括正高级和副高级。

担任专业技术类公务员厅局级副职以上领导职务或者一级、二级总监和一级高级主管，应当具备正高级专业技术任职资格；担任专业技术类公务员县处级领导职务或者二级、三级、四级高级主管，应当具备副高级以上专业技术任职资格；担任专业技术类公务员乡科级正职领导职务或者一级、二级主管，应当具备中级以上专业技术任职资格；担任专业技术类公务员乡科级副职领导职务或者三级、四级主管和专业技术员，应当具备初级以上专业技术任职资格。

专业技术任职资格评定按照有关规定执行。专业技术任职资格与专业技术人才职称，可以按照规定进行互认转换。

第十八条 专业技术类公务员晋升职级，应当具备拟任职级所要求的政治素质、工作能力、专业技术任职资格、工作实绩、任职年限、纪律作风等方面的基本条件，并在规定任职年限内的年度考核结果均为称职以上等次。

晋升专业技术类公务员职级的任职年限、程序、审批权限等要求，根据对应的综合管理类公务员职级，按照《公务员职务与职级并行规定》执行。

机关必须把政治标准放在首位，考准考实拟晋升职级人选的政治素质。

第十九条 对有政治能力不过硬，缺乏应有的政治判断力、政治领悟力、政治执行力，在涉及党的领导等重大原则问题上立场不坚定、态度暧昧，担当和斗争精神不强，事业心和责任感不强，专业知识、专业技能不足，作风不严不实，职业道德失范，专业技术工作失误造成严重后果等情形，被认定为不适宜或者不胜任现任专业技术类公务员领导职务、职级的，应当按照有关规定及时予以调整。

专业技术类公务员在年度考核中被确定为不称职的，按照有关规定降低一个职务或者职级层次任职。

第二十条 专业技术类公务员转任其他职位类别公务员或者专业技术任职资格被取消的，应当予以免职。

第二十一条 试用期满考核合格并取得相应专业技术任职资格的新录用专业技术类公务员，应当按照规定在一级主管以下职级层次任职定级。

第五章 管理与监督

第二十二条 一级主管以下职级层次专业技术类公务员的录用，应当采取公开考试、严格考察、平等竞争、择优录取的办法。

考试内容根据专业技术类公务员应当具备的基本能力和不同职位要求设置，重点测查政治素质、专业技术基础知识和运用专业技术处理实际问题的能力。

根据职位特点和工作需要，经省级以上公务员主管部门批准，可以对有关专业知识、专业技能进行测查。

第二十三条 根据工作需要，机关可以按照公务员聘任有关规定，对部分专业技术类公务员职位实行聘任制。

第二十四条　专业技术类公务员的考核，按照公务员考核有关规定，以职位职责和所承担的专业技术工作为基本依据，有针对性地设置考核内容和指标，采取体现职位特点的考核方法，全面考核德、能、勤、绩、廉，重点考核政治素质和工作实绩，引导专业技术类公务员树立和践行正确政绩观。考核结果作为专业技术任职资格评定的重要依据。

第二十五条　专业技术类公务员应当按照规定接受初任培训、任职培训、专门业务培训、在职培训；培训内容主要包括政治素质、专业素养、职业道德、廉洁自律等方面，应当按照知识更新的需要，强化专业知识和专业技能等培训。

机关应当加强对专业技术类公务员的实践锻炼、专业训练，增强提供技术支持和保障的专业能力。

第二十六条　国有企业、高等学校和科研院所以及其他不参照公务员法管理的事业单位中从事公务的人员，可以根据工作和队伍建设需要，按照公务员调任有关规定调入机关，并根据认定的专业技术任职资格担任专业技术类公务员领导职务或者四级高级主管以上职级。

第二十七条　专业技术类公务员转任，一般在专业技术类公务员职位范围内进行。因工作需要，也可以在不同职位类别之间进行。

专业技术类公务员在专业技术类公务员职位范围内转任的，一般转任相同专业的职位。因工作需要，也可以转任到相关、相近专业的职位。

专业技术类公务员因工作需要转任其他职位类别公务员的，按照干部管理权限或者职级晋升审批权限，综合考虑其任职经历等条件，比照确定领导职务、职级。

其他职位类别公务员转任专业技术类公务员的，应当具备拟转任职位所要求的专业技术任职资格等条件。

第二十八条　专业技术类公务员实行国家统一规定的工资制度，按照国家规定享受基本工资、津贴、补贴和奖金。

第二十九条　国家鼓励专业技术类公务员在工作中进行发明创造，对取得显著经济效益或者社会效益的给予奖励。

作出杰出贡献且符合条件的，可以纳入院士参评、国务院和地方政府特殊津贴评定等范围。

符合条件的专业技术类公务员，经批准可以参加中央和地方各级重大人才工程、科技奖励和科研项目评选，纳入人才服务保障体系。

第三十条 机关应当落实从严管理干部要求，严明政治纪律和政治规矩，加强对专业技术类公务员全方位管理和经常性监督。专业技术类公务员有公开发表存在严重政治问题言论、对党不忠诚不老实、表里不一、阳奉阴违等违反政治纪律行为的，在履行职责中有弄虚作假、滥用职权、玩忽职守、徇私舞弊等违纪违法行为的，按照有关规定给予谈话提醒、批评教育、责令检查、诫勉、组织处理、处分；构成犯罪的，依法追究刑事责任。

第三十一条 专业技术类公务员辞去公职或者退休的，应当遵守从业限制规定。原所在机关和有关部门应当按照规定加强对专业技术类公务员离职从业行为的管理监督。

第三十二条 对有下列情形的，由县级以上领导机关或者公务员主管部门按照管理权限，区别不同情况，分别予以责令纠正或者宣布无效；对负有责任的领导人员和直接责任人员，根据情节轻重，给予批评教育、责令检查、诫勉、组织处理、处分；构成犯罪的，依法追究刑事责任：

（一）擅自扩大专业技术类公务员职位设置范围；

（二）超职数设置专业技术类公务员领导职务、职级；

（三）随意放宽任职资格条件或者改变专业技术任职资格评定标准；

（四）违反规定的条件和程序进行录用、调任、转任、聘任、晋升以及考核、奖惩；

（五）违反国家规定，更改专业技术类公务员工资、福利、保险待遇标准；

（六）违反本规定的其他行为。

第六章　附　　则

第三十三条　担任领导职务的专业技术类公务员，有关党内法规和法律对其选拔任用、管理监督等另有规定的，按照有关规定执行。

第三十四条　专业技术类公务员的管理，本规定未作规定的，按照《中华人民共和国公务员法》及其配套法规执行。

第三十五条　参照公务员法管理的机关（单位）

中从事专业技术工作的工作人员，经省级以上公务员主管部门批准，参照本规定进行管理。

第三十六条 本规定由中共中央组织部负责解释。

第三十七条 本规定自发布之日起施行。

行政执法类公务员管理规定

（2016 年 7 月 8 日中共中央批准　2016 年 7 月 8 日中共中央办公厅、国务院办公厅发布　2023 年 9 月 1 日中共中央修订　2023 年 9 月 1 日中共中央办公厅发布）

第一章　总　　则

第一条　为了加强党对公务员队伍的集中统一领导，适应全面建设社会主义现代化国家、深入推进国家治理体系和治理能力现代化的要求，落实新时代好干部标准，完善公务员职位分类，建立健全符合行政执法类公务员特点的管理制度，提高管理效能和科学化水平，建设忠诚干净担当的高素质专业化公务员队伍，根据《中华人民共和国公务员法》和有关党内法规，制定本规定。

第二条　本规定所称行政执法类公务员，是指依照法律、法规对行政相对人直接履行行政许可、行政处罚、行政强制、行政征收、行政收费、行政检查等执法职责的公务员，其职责具有执行性、强制性。

第三条 行政执法类公务员的管理，坚持以习近平新时代中国特色社会主义思想为指导，贯彻新时代党的建设总要求和新时代党的组织路线，突出政治标准，强化行政执法能力，坚持下列原则：

（一）党管干部、党管人才；

（二）德才兼备、以德为先、五湖四海、任人唯贤；

（三）事业为上、公道正派、人岗相适、人事相宜；

（四）注重实绩、群众公认，提高执法效能；

（五）监督约束与激励保障并重。

第四条 行政执法类公务员应当忠于宪法，模范遵守、自觉维护宪法和法律，自觉接受党的领导，具有良好的政治素质和道德品行。

第五条 行政执法类公务员应当按照规定的权限和程序认真履行职责，坚持依法行政、依法办事，做到严格规范公正文明执法，提高执法执行力和公信力，保障和促进社会公平正义，维护人民合法权益。

第六条 中央公务员主管部门负责全国行政执法类公务员的综合管理工作。县级以上地方各级公务员主管部门负责本辖区内行政执法类公务员的综合管理工作。上级公务员主管部门指导下级公务员主管部门的行政执法类公务员管理工作。各级公务员主管部门指导同级机关的行政执法类公务员管理工作。

第二章　职 位 设 置

第七条　行政执法类公务员职位根据工作性质、执法职能和管理需要，一般在以行政执法工作为主要职责的市地级以下机关或者内设机构设置。根据行政执法机构设置实际，省级、副省级城市机关也可以设置行政执法类公务员职位。

行政执法类公务员职位设置范围由中央公务员主管部门确定。

第八条　机关依照职能、国家行政编制等，根据中央公务员主管部门确定的职位设置范围，制定本机关行政执法类公务员职位设置方案，并确定职位的具体工作职责和任职资格条件。

第九条　中央机关直属机构行政执法类公务员职位设置方案，报中央公务员主管部门审批；省级以下机关及其直属机构行政执法类公务员职位设置方案，由省级公务员主管部门审批，职位设置等情况每年度报中央公务员主管部门备案。

第三章　职务、职级与级别

第十条　行政执法类公务员实行职务与职级并行制度，设置领导职务、职级序列。

行政执法类公务员领导职务根据有关党内法规、法律法规和机构规格设置。

行政执法类公务员职级序列分为十一个层次。通用职级名称由高至低依次为：督办、一级高级主办、二级高级主办、三级高级主办、四级高级主办、一级主办、二级主办、三级主办、四级主办、一级行政执法员、二级行政执法员。

具体职级名称由中央公务员主管部门以通用职级名称为基础确定。

第十一条　行政执法类公务员职级与级别的对应关系是：

（一）督办：十五级至十级；

（二）一级高级主办：十七级至十一级；

（三）二级高级主办：十八级至十二级；

（四）三级高级主办：十九级至十三级；

（五）四级高级主办：二十级至十四级；

（六）一级主办：二十一级至十五级；

（七）二级主办：二十二级至十六级；

（八）三级主办：二十三级至十七级；

（九）四级主办：二十四级至十八级；

（十）一级行政执法员：二十六级至十八级；

（十一）二级行政执法员：二十七级至十九级。

第十二条 行政执法类公务员职级与综合管理类、专业技术类公务员职级的对应关系是：

（一）督办：二级巡视员、二级总监；

（二）一级高级主办：一级调研员、一级高级主管；

（三）二级高级主办：二级调研员、二级高级主管；

（四）三级高级主办：三级调研员、三级高级主管；

（五）四级高级主办：四级调研员、四级高级主管；

（六）一级主办：一级主任科员、一级主管；

（七）二级主办：二级主任科员、二级主管；

（八）三级主办：三级主任科员、三级主管；

（九）四级主办：四级主任科员、四级主管；

（十）一级行政执法员：一级科员、专业技术员；

（十一）二级行政执法员：二级科员。

第十三条 行政执法类公务员职级按照下列规格设置：

（一）市（地、州、盟）、直辖市的区机关设置督办以下职级；

（二）副省级城市的区机关设置一级高级主办以下职级；

（三）县（市、区、旗）机关设置二级高级主办以下职级。

省、自治区、直辖市机关和副省级城市机关设有行政执法类公务员职位的，设置督办以下职级。

第十四条 行政执法类公务员职级职数一般应当按照行政执法类公务员职位数量的一定比例核定，具体职数比例按照有关规定执行。

职数较少或者难以按照各机关分别核定的行政执法类公务员职级，一般由县级以上公务员主管部门根据实际情况和职级晋升审批权限，分级统筹核定和使用。

第十五条 中央和省级机关垂直管理的机构、实行双重领导并以部门领导为主的机构、市地级以上机关的直属单位或者派出机构等，根据机构规格，参照第十三条、第十四条规定，设置行政执法类公务员职级并核定职数。

第四章　职务、职级任免与升降

第十六条　行政执法类公务员任职，应当在规定的职位设置范围和职数内进行。

第十七条　行政执法类公务员晋升职级，应当具备拟任职级所要求的政治素质、工作能力、工作实绩、任职年限、纪律作风等方面的基本条件，并在规定任职年限内的年度考核结果均为称职以上等次。

晋升行政执法类公务员职级的任职年限、程序、审批权限等要求，根据对应的综合管理类公务员职级，按照《公务员职务与职级并行规定》执行。

机关必须把政治标准放在首位，考准考实拟晋升职级人选的政治素质。

第十八条　对有政治能力不过硬，缺乏应有的政治判断力、政治领悟力、政治执行力，在涉及党的领导等重大原则问题上立场不坚定、态度暧昧，担当和斗争精神不强，事业心和责任感不强，行政执法能力不足，作风不严不实，职业道德失范，行政执法工作不规范不文明造成不良社会影响等情形，被认定为不适宜或者不胜任现任行政执法类公务员领导职务、职级的，应当按照有关规定及时予以调整。

行政执法类公务员在年度考核中被确定为不称职的，按照有关规定降低一个职务或者职级层次任职。

第十九条 行政执法类公务员转任其他职位类别公务员的，应当予以免职。

第二十条 试用期满考核合格的新录用行政执法类公务员，应当按照规定在一级主办以下职级层次任职定级。

第五章 管理与监督

第二十一条 一级主办以下职级层次行政执法类公务员的录用，应当采取公开考试、严格考察、平等竞争、择优录取的办法。

考试内容根据行政执法类公务员应当具备的基本能力和不同职位要求设置，重点测查政治素质、法律素养和法律执行等能力。

根据职位特点和工作需要，经省级以上公务员主管部门批准，可以对有关心理素质、体能等进行测评。

第二十二条 行政执法类公务员的考核，按照公务员考核有关规定，以职位职责和所承担的行政执法工作为基本依据，有针对性地设置考核内容和指标，采取体现职位特点的考核方法，全面考核德、能、勤、绩、廉，重点考核政治素质和履行行政执法职责、完成行政执法工作的情况，必要时可以听取行政相对人的意见，引导行政执法类公务员树立和践行正确政绩观。

第二十三条 行政执法类公务员应当按照规定接受初任培训、任职培训、专门业务培训、在职培训；培训内容主要包括政治素质、工作能力、职业道德、廉洁自律等方面，应当强化法律、法规和执法技能、文明执法、应急处突能力等培训。

机关应当加强对行政执法类公务员的实践锻炼、专业训练，增强行政执法能力和服务群众本领。

第二十四条 国有企业、高等学校和科研院所以及其他不参照公务员法管理的事业单位中从事公务的人员，可以根据工作和队伍建设需要，按照公务员调任有关规定调入机关，担任行政执法类公务员领导职务或者四级高级主办以上职级。

第二十五条 行政执法类公务员转任，一般在行政执法类公务员职位范围内进行。因工作需要，也可以在不同职位类别之间进行。行政执法类公务员在行政许可、行政处罚等同一职位工作满10年的，应当转任。

行政执法类公务员转任其他职位类别公务员的，按照干部管理权限或者职级晋升审批权限，综合考虑其任职经历等条件，比照确定领导职务、职级。

其他职位类别公务员转任行政执法类公务员的，应当具备拟转任职位所要求的条件。

第二十六条 行政执法类公务员实行国家统一规定的工资制度，按照国家规定享受基本工资、津贴、补贴和奖金。

第二十七条 机关应当落实从严管理干部要求，严明政治纪律和政治规矩，加强对行政执法类公务员全方位管理和经常性监督，完善行政执法程序，强化行政执法监督机制，严格落实行政执法责任制和责任追究制度。

行政执法类公务员应当自觉接受监督。

第二十八条 行政执法类公务员有公开发表存在严重政治问题言论、对党不忠诚不老实、表里不一、阳奉阴违等违反政治纪律行为的，在履行职责中有态度恶劣粗暴造成不良后果或者影响、故意刁难或者吃拿卡要、弄虚作假、滥用职权、玩忽职守、徇私枉法、打击报复行政相对人等违纪违法行为以及违反机关的决定和命令的，按照有关规定给予谈话提醒、批评教育、责令检查、诫勉、组织处理、处分；构成犯罪的，依法追究刑事责任。

第二十九条 行政执法类公务员在执行公务中有应当回避情形的，本人应当申请回避，行政相对人可以提出回避申请，主管领导可以提出回避要求，由所在机关作出回避决定。

第三十条 行政执法类公务员辞去公职或者退休的，应当遵守从业限制规定。原所在机关和有关部门应当按照规定加强对行政执法类公务员离职从业行为的管理监督。

第三十一条 对有下列情形的，由县级以上领导机关或者公务员主管部门按照管理权限，区别不同情况，分别予以责令纠正或者宣布无效；对负有责任的领导人员和直接责任人员，根据情节轻重，给予批评教育、责令检查、诫勉、组织处理、处分；构成犯罪的，依法追究刑事责任：

（一）擅自扩大行政执法类公务员职位设置范围；

（二）超职数设置行政执法类公务员领导职务、职级；

（三）随意放宽任职资格条件；

（四）违反规定的条件和程序进行录用、调任、转任、晋升以及考核、奖惩；

（五）违反国家规定，更改行政执法类公务员工资、福利、保险待遇标准；

（六）违反本规定的其他行为。

第六章　附　　则

第三十二条　担任领导职务的行政执法类公务员，有关党内法规和法律对其选拔任用、管理监督等另有规定的，按照有关规定执行。

第三十三条　行政执法类公务员的管理，本规定未作规定的，按照《中华人民共和国公务员法》及其配套法规执行。

第三十四条　参照公务员法管理的事业单位中从事行政执法工作的工作人员，经省级以上公务员主管部门批准，参照本规定进行管理。

第三十五条　本规定由中共中央组织部负责解释。

第三十六条　本规定自发布之日起施行。

优化分类管理格局　提高科学管理效能　建设堪当民族复兴重任的高素质公务员队伍*

——中央组织部负责人就修订颁布《专业技术类公务员管理规定》和《行政执法类公务员管理规定》答记者问

近日，中央办公厅印发新修订的《专业技术类公务员管理规定》和《行政执法类公务员管理规定》（以下简称两个《规定》）。两个《规定》公开发布之际，中央组织部负责人就有关修订和贯彻实施等问题，回答了记者提问。

问：这次修订两个《规定》的背景和意义是什么？

答：习近平总书记在党的二十大报告中强调，全面建设社会主义现代化国家，必须有一支政治过硬、适应新时代要求、具备领导现代化建设能力的干部队

* 来源：《人民日报》（2023 年 9 月 15 日第 02 版）。

伍。公务员队伍是党的干部队伍的重要组成部分，是全面建设社会主义现代化国家、全面推进中华民族伟大复兴的骨干力量。公务员法规定，公务员划分为综合管理类、专业技术类、行政执法类等类别。综合管理类公务员是从事规划、组织、决策、指挥、监督及机关内部管理等工作的公务员，专业技术类公务员是专门从事专业技术工作、为机关履行职责提供技术支持和保障的公务员，行政执法类公务员是依照法律、法规对行政相对人直接履行执法职责的公务员。2016年7月，中央办公厅、国务院办公厅印发《专业技术类公务员管理规定（试行）》和《行政执法类公务员管理规定（试行）》，以非领导职务为参照建立两类公务员职务序列和管理制度。2018年修订后的公务员法规定实行公务员职务与职级并行制度，将非领导职务调整为职级。2019年中央办公厅印发《公务员职务与职级并行规定》，主要规定了综合管理类公务员职级设置管理。结合公务员职务与职级并行制度实施，中央组织部制定专业技术类、行政执法类公务员职级设置管理等配套文件，将两类公务员职务序列调整为职级序列，指导地方和部门从综合管理类公务员中划分出专业技术类、行政执法类公务员，公务员分类管理格局初步形成，对激发队伍活力、提高治理效能发挥了积极作用。

党的十九大以来，习近平总书记对干部工作、人才工作、高素质法治工作队伍建设等作出一系列重要论述，为完善专业技术类、行政执法类公务员管理制度提供了根本遵循。为贯彻落实习近平总书记重要讲话和重要指示批示精神，适应新任务新要求，按照中央党内法规制定计划，中央组织部启动了两个《规定》修订工作。新修订的两个《规定》，深入贯彻习近平新时代中国特色社会主义思想特别是习近平总书记关于党的建设的重要思想，贯彻党的二十大和二十届二中全会精神，体现党管干部、党管人才原则和深化行政执法体制改革等要求，吸收有关法律和党内法规最新规定，对于完善中国特色公务员制度、提高公务员管理科学化水平、建设堪当民族复兴重任的高素质公务员队伍，具有重要意义。

问：两个《规定》修订的总体考虑是什么？

答：这次修订的两个《规定》在保持原有法规框架基本稳定的基础上，新增 11 条内容、删除 3 条，修订工作总体把握以下几点：一是坚持正确政治方向。加强党对公务员队伍的集中统一领导，始终把政治建设摆在首位，突出政治标准，强化政治要求，引导专业技术类、行政执法类公务员坚定拥护“两个确立”、坚决做到“两个维护”。二是突出问题导向。根据近年来地方和部门在推进分类改革中遇到的共性问题，特别是针对两类公务员职位设置、交流转任、考录培训、监督约束等有关重点难点问题，进一步明确相应的政策规定。三是注重系统衔接。在公务员法、公务员职务与职级并行规定等制度框架内，建立与综合管理类公务员总体保持对应衔接的专业技术类、行政执法类公务员职级序列，推动分类管理制度系统集成。四是坚持从严管理和激励保障并重。结合两类公务员履职特点，完善权力监督制约机制，引导专业技术类公务员恪守职业道德和学术诚信，培养优良专业素养、专业作风，促进行政执法类公务员强化法治意识、为民观念，做到严格规范公正文明执法。在职级升降、考核奖励、工资待遇等方面完善相关政策，引导两类公务员树立和践行正确政绩观，敢于担当、积极作为。

问：两个《规定》在加强两类公务员政治建设上主要作了哪些规定？

答：公务员的第一属性是政治属性，德才兼备，方堪重任。修订过程中，坚持把政治标准和政治要求制度化、具体化，落实到两类公务员管理的各个环节。一是在总则中，鲜明提出坚持以习近平新时代中国特色社会主义思想为指导，贯彻新时代党的建设总要求和新时代党的组织路线，落实新时代好干部标准，坚持党管干部、党管人才原则，建设忠诚干净担当的高素质专业化公务员队伍；要求两类公务员应当忠于宪法，模范遵守、自觉维护宪法和法律，自觉接受党的领导，具有良好的政治素质和道德品行。二是在录用晋升方面，明确把政治素质作为考录测查的首要内容、作为职级晋升的首要条件，要求机关必须把政治标准放在首位，考准考实拟晋升职级人选的政治素质。三是在培训方面，提出将政治素质以及职业道德、廉洁自律等方面列入培训内容。四是在管理监督方面，规定对有政治能力不过硬，缺乏应有的政治判断力、政治领悟力、政治执行力，在涉及党的领导等重大原则问题上立场不坚定、态度暧昧等情形的，应当对职务职级进行调整；对有公开发表存在严重政治问题言论、对党不忠诚不老实、表里不一、阳奉阴违等违反政治纪律行为的，依规依纪依法予以严肃处理等。

问：两个《规定》在推进两类公务员专业化建设方面作了哪些规定？

答：在强国建设、民族复兴的新征程上，党和国家事业各项工作专业化、专门化、精细化程度越来越高，对公务员专业能力、专业素养提出了更高要求。贯彻落实习近平总书记关于建设高素质专业化干部队伍等重要指示批示精神，两个《规定》在加强两类公务员专业化建设方面，主要作了以下规定：一是突出专业要求。结合职位特点和队伍实际，在提出共性管理要求的同时，对专业技术类公务员管理强调"业内认可，分类评价"，明确专业技术类公务员任职应当具备相应的专业技术任职资格，对行政执法类公务员管理强调"群众公认，提高执法效能"，要求行政执法类公务员应当强化行政执法能力，提高执法执行力和公信力。二是优化职位设置。根据两类公务员的工作性质和岗位特点，明确专业技术类公务员职位主要在市地级以上机关设置，行政执法类公务员职位主要在市地级以下机关设置；从服务党和国家重大战略、重大工程、重大项目等引进高层次急需人才要求出发，明确县级以上机关可设置专业技术类公务员特设职位，其中突破规格、职数限额设置的职级，职数单独管理。

三是完善分类考录、考核、培训政策。在分类考录方面，明确录用专业技术类公务员应当重点测查专业技术基础知识和运用专业技术处理实际问题的能力，可以对有关专业知识、专业技能进行测查；录用行政执法类公务员应当重点测查法律素养和法律执行等能力，可以对有关心理素质、体能等进行测评。在分类考核方面，明确要有针对性地设置考核内容和指标，采取体现职位特点的考核方法。在分类培训方面，明确对专业技术类公务员要强化专业知识和专业技能等培训，对行政执法类公务员要强化法律、法规和执法技能、文明执法、应急处突能力等培训。

此外，为引导专业技术类公务员专注专业发展、提高创新能力，国家鼓励专业技术类公务员在工作中进行发明创造，对取得显著经济效益或者社会效益的给予奖励。符合条件的专业技术类公务员，经批准可以参加中央和地方各级重大人才工程、科技奖励和科研项目评选，纳入人才服务保障体系，作出杰出贡献的还可纳入院士参评、国务院和地方政府特殊津贴评定等范围。为促进人才顺畅流动，明确专业技术类公务员的专业技术任职资格，与企事业单位专业技术人才职称可以按照规定进行互认转换。

问：两个《规定》在从严管理监督干部方面作了哪些具体规定？

答：党的二十大报告提出，全面从严治党永远在路上，党的自我革命永远在路上。两个《规定》落实全面从严治党战略部署，坚持全的要求、严的基调、治的理念，进一步完善相关措施：一是压实主体责任。要求机关应当落实从严管理干部要求，严明政治纪律和政治规矩，加强对两类公务员全方位管理和经常性监督。对行政执法类公务员还要求机关完善行政执法程序，强化行政执法监督机制，严格落实行政执法责任制和责任追究制度。二是突出管理监督重点。专业技术类公务员在履行职责中有弄虚作假、滥用职权、玩忽职守、徇私舞弊等违纪违法行为的，行政执法类公务员在履行职责中有态度恶劣粗暴造成不良后果或者影响、故意刁难或者吃拿卡要、徇私枉法、打击报复行政相对人等违纪违法行为以及违反机关的决定和命令的，要按照有关规定严肃追究责任。三是强化权力监督和风险防范。坚持全链条从严管理，与公务员转任、回避、辞去公职等规定有机衔接。比如，明确行政执法类公务员在行政许可、行政处罚等同一职位工作满 10 年的应当转任。比如，明确两类公务员辞去公职或者退休的，应当遵守从业限制规定，原所在机关和有关部门应当按照规定加强对其离职从业行为的管理监督，切实防范政商“旋转门”风险。

问：最后，请您谈谈下一步对贯彻落实两个《规定》有什么具体部署和要求？

答：制度的生命力在于执行。各地区和有关部门要把贯彻落实两个《规定》作为在新时代新征程上加强和改进公务员工作、建设堪当民族复兴重任的高素质公务员队伍的重要任务来抓，切实把公务员制度优势转化为治理效能。一是加强政策宣传和解读。中央组织部将组织开展专题培训、做好政策阐释解读，各地区和有关部门要采取多种方式组织学习、搞好培训，引导广大公务员和公务员管理工作者原原本本学习两个《规定》，同学习公务员法及配套法规、干部选拔任用和管理监督等相关法规制度贯通起来，准确把握精神要义和实践要求，提高政策执行能力。二是抓好组织实施。各地区和有关部门要以修订颁布两个《规定》为契机，统一思想认识，认真谋划部署，加大工作力度。要服务党和国家事业发展，优化公务员分类管理格局，注重面向世界科技前沿、面向经济主战场、面向国家重大需求、面向人民生命健康，科学设置专业技术类公务员职位；落实深化行政执法体制改革、推进基层治理现代化要求，将改革到位、具备条件的综合执法队伍及时纳入行政执法类公务员管理。要统筹做好分类考录、分类考核、分类培训等工作，充分发挥分类管理整体效能。三是加强跟踪问效。中央组织部将加强工作指导，及时总结推广好的经验做法，适时开展实施情况调研评估。各地区和有关部门要加强沟通协调，形成工作合力，及时解决实施中出现的问题，推动两个《规定》落地落实、取得实效，努力打造创新能力强、专业素养高的专业技术类公务员队伍和法治意识强、执法能力水平高的行政执法类公务员队伍。